Vente le Samedi 27 Février 1869.

COLLECTION

DE FEU LE DOCTEUR GOLDSMIDT

DE FRANCFORT SUR LE MEIN

TABLEAUX

ANCIENS

DES MEILLEURS MAITRES

HOLLANDAIS & FLAMANDS

Première Vente

Mᵉ CHARLES PILLET,
COMMISSAIRE-PRISEUR

M. FEBVRE,
EXPERT.

COLLECTION

DE FEU LE DOCTEUR GOLDSMIDT

DE FRANCFORT-SUR-LE-MEIN

PREMIÈRE VENTE

CATALOGUE

D'UNE COLLECTION DE

TABLEAUX

ANCIENS

PAR LES MEILLEURS MAITRES

HOLLANDAIS & FLAMANDS

VENTE AUX ENCHÈRES PUBLIQUES

HOTEL DES VENTES, RUE DROUOT, Salle N° 8

Le Samedi 27 Février 1869

A DEUX HEURES TRÈS-PRÉCISES

EXPOSITIONS :

Particulière : *le Jeudi* 25 *Février* 1869;

Publique : *le Vendredi* 26 *Février* 1869.

Me CHARLES PILLET,
COMMISSAIRE-PRISEUR

M. FEBVRE
EXPERT

CONDITIONS DE LA VENTE

Elle sera faite au comptant.

Les adjudicataires payeront *cinq pour cent* en sus des enchères.

L'exposition mettant le public à même de se rendre compte de l'état des objets, il ne sera admis aucune réclamation une fois l'adjudication prononcée.

CE CATALOGUE SE TROUVE :

A Paris, chez MM.	*Charles Pillet*, commissaire-priseur, rue de la Grange-Batelière, 10.
—	*A. Febvre*, expert, 14, rue Saint-Georges.
A Londres,	*Colnaghi*, Pall-Mall-East, 14.
—	*John Webb*, 22, Cork-Street, Burlington-Garden.
—	*H. Durlacher*, 113, New-Bond street.
—	*Annoot*, 16, Old-Bond street.
—	*F. Davis*, 101, New-Bond street.
—	*Gambart*, 120, Pall-Mall.
A Bruxelles,	*Etienne Leroy*, 12, place du Grand-Sablon.
—	*Slaes Leroy* et frère, 4, rue du Musée.
A Berlin,	*Louis Schmidt*, 132, rue de Leipzig.
—	*Lepke*, Unter den Linden, 12.
A Vienne,	*Artaria* et Cᵉ.
—	M. *Kaeser*.
A Francfort-s.-Mein,	*Kolbacher*, Inspecteur de la Société des Beaux-arts.
—	*Baer (Antoine)*, place Schiller.
A Cologne,	*Bourgeois*, Ursulas strasse.
A Saint-Pétersbourg,	*Negri* père et fils.
A La Haye,	*Van Gogh*, marchand d'estampes.
A Rotterdam,	*Lamme*, conservateur du Musée.
A Amsterdam,	*C. F. Roos* Brakke Groud.

AVIS. — La deuxième vente composée d'environ 200 tableaux, provenant de la même Collection, aura lieu les vendredi 5 et samedi 6 mars 1869, salle n° 3. Exposition le jeudi 4 mars.

Paris. — imp. de PILLET fils aîné, rue des Grands-Augustins, 5.

Feu M. le docteur Goldsmidt, jurisconsulte distingué de Francfort-sur-le-Mein, a, pendant plus de cinquante ans de sa vie, consacré à la formation de sa collection tous ses loisirs, de patientes recherches, un goût fin, chaque jour plus éclairé, et servi, comme il ne manque jamais d'arriver en pareil cas, par des hasards heureux.

Quand il commença, c'était à la fin du premier Empire. Jamais, on le sait, moment ne fut plus propice aux collectionneurs. Les amateurs étaient rares, les prix abordables, les échanges faciles, les bons et vrais tableaux n'étaient pas, comme ils le sont maintenant pour la plupart, définitivement classés dans les musées et ailleurs. Aussi, quand il rencontrait une œuvre authentique, M. Goldsmidt, s'il parvenait à s'en rendre propriétaire, la plaçait chez lui, et elle n'en sortait plus. Voilà pourquoi et comment toutes les toiles de sa collection se présentent, aujourd'hui, aux enchères, dans leurs vieux cadres et sous leur premier vernis.

Puis — pourquoi ne le dirions-nous pas? — il voulait, lui aussi, élever, dans la mesure de ses forces, un monument artistique, sauver de la destruction ou de l'oubli le plus de tableaux qu'il pourrait. Cette préoccupation, que comprennent aisément ceux qui ont la passion des mêmes choses, semble avoir dominé sa pensée jusqu'au dernier moment. C'est elle qui lui a fait imposer à ses héritiers — heureux de s'y conformer du reste — l'obligation de vendre sa collection à Paris, comme si, là seulement, ses tableaux devaient trouver l'accueil dont il les jugeait dignes.

Pour nous, nous n'hésitons point à déclarer que la collection de M. le docteur Goldsmidt mérite, à plus d'un titre, le suffrage des amateurs.

Les peintres de genre y sont dignement représentés, et parmi eux, Jean Steen tient la première place, avec une de ses œuvres capitales : *La Disgrâce d'Aman.*

Viennent ensuite un grand nombre de ces scènes d'intérieur, vraies, charmantes, spirituelles ou naïves, pour la plupart signées par Corneille Béga, Brakenburg, Adrien Brauwer, Corneille Dusart, Diepraam, François Miéris, Netscher, Schalcken, Palamèdes, Berkheyden, Molenaer, et, pour finir, d'Isaac Ostade, *la Grange*, un petit chef-d'œuvre.

V

A côté des peintres de genre se montrent quelques-uns des meilleurs paysagistes de la Hollande et des Flandres. Au premier rang, Everdingen, dont le site Norwégien rappelle les plus belles œuvres de Ruysdael; Van Artois, aux campagnes humides, Ruysdael lui-même, Guillaume de Heusch, toujours si vaporeux; Van Goyen et Moucheron, en ne nommant que les principaux.

Enfin, pour que la liste soit entière et pour donner une idée plus complète de cette collection dans son ensemble, il faut citer aussi les Cuyp, les Bégyn, les Both, les Brédael, les De Roy, les Goubeau, les Van der Leuwen, Avercamp, Lingelbach, Mignon et De Heem qui, avec leurs bouquets de fleurs, leurs fruits, leurs animaux dans des pâturages, leurs retours de chasse, leurs haltes devant des hôtelleries, leurs promenades dans des parcs, leurs places publiques aux fontaines jaillissantes qui dominent les foules assemblées, et leurs canaux glacés, semblent, par l'exacte reproduction de la nature, la simplicité des sujets et leurs dimensions restreintes, répondre bien mieux que les plus grands maîtres d'aucune autre école aux tendances générales de notre époque en fait d'art.

A. Febvre.

DÉSIGNATION DES TABLEAUX

AVERCAMP

(HENRY VAN)

1 — **Canal glacé, au centre d'un village.**

Sur le canal, grande quantité de figures, bourgeois, spectateurs, patineurs et personnages en traîneaux; sur les rives, diverses habitations.

Bois. Haut., 52 cent.; larg., 93 cent.

ARTOIS

(JACQUES VAN)

2 -- **Entrée de Forêt.**

Au centre une route; sous bois, un berger et ses moutons; dans le fond une prairie.

Toile. Haut., 85 cent.; larg., 65 cent.

BEGA

(CORNEILLE)

3 — Intérieur de Village; trois figures.

Trois fumeurs causant, l'un assis devant un tonneau, les autres debout.

Toile. Haut., 36 cent.; larg., 31 cent.

BÉGYN

(ABRAHAM)

4 — Port de mer italien.

Sur un quai bordant un golfe, sont des personnages de divers pays, des marchands orientaux, des cavaliers, une dame suivie de son nègre qui porte un parasol, et des hommes du port, apprêtant ou déplaçant des caisses et des ballots; à droite, des dunes; dans le fond le golfe éclairé par un soleil couchant.

Signé en toutes lettres en bas à gauche.

Toile. Haut., 71 cent.; larg., 90 cent.

BERKHEYDEN

(JOB)

5 — Site hollandais; Canal et Ville.

En avant, une route, avec cavalier et voyageurs; au centre un canal; dans le fond avenue d'arbres, et vue d'une ville.

Toile. Haut., 54 cent.; larg., 65 cent.

BERKHEYDEN

(GERRITZ)

6 — **Le Départ pour le Marché.**

Sur le devant, une charrette attelée, puis des villageois et des animaux, traversant un cours d'eau; à gauche un pont rustique où passe un paysan; dans le fond quelques habitations et une église.

Signé en toutes lettres en bas à droite.

Toile. Haut., 41 cent.; larg., 48 cent.

BLOÉMEN

(JEAN-FRANÇOIS, DIT ORIZONTI)

7 — **Paysage; site italien.**

En avant, une route où passent un muletier et ses mules; à gauche des colporteurs traversent un pont rustique, dominant une rivière; dans le fond, les ruines d'un vieux castel et de hautes montagnes.

Toile. Haut., 63 cent.; larg., cent.

BOTH

(ANDRÉ)

8 — **Repas des Lazzaroni.**

Sur une place et près d'un édifice en ruines, sont des

lazarones, des muletiers et plusieurs marchands ambulants; dans le fond, le Colisée enveloppé dans la vapeur d'un soleil couchant.

Toile. Haut., 67 cent.; larg., 79 cent.

BRAKENBURG

(REGNER)

9 — **Le Charlatan,**

Sur une place où s'élèvent plusieurs édifices antiques et l'arc-de-triomphe de Constantin, est un théâtre ambulant, le charlatan harangue un public nombreux; derrière lui est son Crispin qui danse ; à droite, près d'une fontaine, quelques marchandes de légumes; dans le fond, des palais.

Signé en bas au milieu. 1675.

Toile. Haut., 51 cent.; larg., 61 cent.

BRAUWER

(ADRIEN)

10 — **Le Chirurgien flamand.**

Il opère une femme qui, baissée, est retenue par un homme; une servante apporte un bassin et du linge; à droite est un blessé la tête bandée.

Provenant de la galerie Stadel de Francfort.

Bois. Haut., 43 cent.; larg., 60 cent.

BREUGHEL & ROTHENHAMER

11 — **Repos de la Sainte Famille.**

Dans un charmant paysage émaillé de fleurs, la Vierge assise tient sur ses genoux l'enfant Jésus; plus loin est saint Joseph ; dans le fond à droite, l'entrée d'une ville.

Cuivre. Haut., 39 cent.; larg., 60 cent.

BREDAEL

(LE CHEVALIER)

12 — **Choc de Cavalerie.**

Grande mêlée; à terre des morts et des blessés, un officier tombé défend son drapeau; dans le fond, près d'une forteresse, grand nombre de combattants; dans le lointain, un monticule dominé par un moulin; ciel nuageux, fond vaporeux.

BREDAEL

(LE CHEVALIER)

13 — **Choc de Cavalerie.**

Même genre et pendant du précédent.

Toile. Haut., 49 cent.; larg., 58 cent.

BRONKHORST

(PIERRE)

14 — **Intérieur d'un Temple protestant.**

Un personnage, vêtu de noir, dirige le travail d'un ouvrier qui creuse une fosse; sur divers points, sont d'autres personnages.

Toile. Haut., 63 cent.; larg., 55 cent.

BRUANDET

(L.)

Figures par Duval.

15 — **Cours d'eau bordant un bois.**

Voyageur assis près d'un terrain sablonneux dominé par des chênes aux troncs ridés; plus loin, le bois; à gauche, le cours d'eau que passent à gué une femme, un enfant et deux chevaux chargés de ballots; dans le fond, une marche d'animaux.

Signé en toutes lettres en bas à droite.

Toile. Haut., 58 cent.; larg., 72 cent.

CHALLE

16 — **Jeune Dame dans un parc.**

Elle est arrêtée près d'un vase contenant des fleurs, près d'elle est un petit king's charles.

Bois. Haut., 31 cent.; larg., 24 cent.

CRANACH

(LUCAS SUNDER)

17 — **Portrait du docteur Johannès Scheuring.**

Représenté en buste, presque de face à gauche, cheveux et barbe noirs, il porte un juste-au-corps rouge et une large pelisse brune garnie de fourrures, ses mains sont croisées. Œuvre d'un beau faire et d'une parfaite conservation, on lit en haut à gauche le nom du docteur, plus bas est la signature du maître par la salamandre couronnée et le millésime 1529.

Bois. Haut., 50 cent.; larg., 35 cent.

CHODOWIÉCKY

(D. N.)

18 — **Intérieur; fête avec personnages masqués.**

Dans un somptueux appartement sont réunies des personnes richement parées, la plupart portant des costumes et des masques.

Toile. Haut., 48 cent.; larg., 59 cent.

CHODOWIÉCKY

(D. M.)

19 — **Même genre de composition et pendant du précédent.**

Toile. H t., 48 cent ; larg., 59 cent.

CUYP

(BENJAMIN)

20 — **Le Concert villageois.**

Dans une chambre rustique, sont réunis des villageois; deux chantent, un autre joue du violon, une vieille tient une cruche de bière; dans le fond, à gauche, près d'une cheminée, quatre personnages causent; à droite, à terre, un tonneau et des ustensiles de cuisine.

Signé en toutes lettres.

Bois. Haut., 73 cent.; larg., 105 cent.

CUYP

(BENJAMIN)

21 — **Plage de Scheveningen.**

Sur la plage, un bateau pêcheur échoué, des hommes, des femmes et des enfants; sur le devant, à droite, un pêcheur offre un poisson à trois gentilshommes, dont deux à cheval; sur la mer qui occupe le fond, plusieurs bateaux cinglant en sens divers.

Toile. Haut., 80 cent.; larg., 114 cent.

DE ROY

(DE BRUXELLES)

22 — **Pâturage.**

Repos d'animaux; très-belle œuvre, une des meilleure du maître, représentant une prairie des environs d'Anvers;

sur le devant, un taureau debout et une vache couchée; au centre, une rivière; dans le fond, une prairie où sont des animaux conduits par un pâtre, puis des habitations entourées d'arbres.

Signé en toutes lettres en bas à gauche. 1796.

Bois. Haut., 78 cent ; larg., 1 m. 11 cent.

DIÉPRAAM

(ABRAHAM)

23 — **Les Joueurs de trictrac; intérieur.**

Un des joueurs est assis, l'autre debout, un troisième personnage fume sa pipe avec délices et chasse la fumée en levant la tête.

Bois. Haut., 29 cent.; larg., 24 cent.

DUBOIS

(CHRETIEN)

24 — **Intérieur de forêt.**

Au centre, une route sur laquelle chemine un cavalier.

Toile. Haut., 74 cent.; larg., 95 cent.

DUGHET

(GUASPRE, DIT LE POUSSIN)

25 — **Paysage arcadique.**

Sur le bord d'un cours d'eau, un personnage se repose

au centre, à droite, quelques édifices; plus loin, des montagnes; dans le fond, à gauche, une rivière et des collines.

Bois. Haut., 55 cent.; larg., 68 cent.

DUSART

(CORNEILLE)

26 — **Intérieur; deux figures.**

Femme assise, tenant un verre et un pot; près d'elle, un personnage debout.

Bois. Haut., 22 cent.; larg., 18 cent.

EVERDINGEN

(ALBERT VAN)

27 — **Paysage; site norwégien.**

Site agreste offrant sur le devant une petite rivière et deux bateaux chargés de villageois; plus loin, des roches, puis une autre rivière; dans le fond, une chaumière et une scierie environnée d'une sapinière; ciel gris nuageux.
Œuvre magistrale d'une parfaite conservation.

Toile. Haut., 97 cent.; larg., 1 m. 04 cent.

GAEL

(BARENT)

28 — **La Halte à l'hôtellerie.**

A la porte d'une auberge sont arrêtés deux cavaliers

un homme assis sur un tonneau cause avec la maitresse du logis.

Signé au bas à gauche.

Toile. Haut., 30 cent.; larg., 33 cent.

GOUBEAU

(FRANÇOIS)

29 — **Famille italienne campée dans un ancien édifice.**

Un jeune homme revient de la chasse, une femme lui offre à boire.

Toile. Haut., 54 cent.; larg., 65 cent.

GOYEN

(JEAN VAN)

30 — **Canal hollandais au centre d'un village.**

A gauche, une auberge et une route où sont des mendiants et des villageois conduisant un chariot; au centre, le canal et un pont rustique où passe un cavalier; à droite, sur le bord de la rive, des pêcheurs retirant un filet; plus loin, des vaches au repos et des habitations dominées par le clocher d'un village.

Signé des initiales 1645.

Bois. Haut., 51 cent.; larg., 83 cent.

GRIFFIER

(ROBERT)

31 — **Passage d'un gué et Repos d'animaux.**

Vaste campagne accidentée ; au centre, une rivière que traversent à gué des pâtres et des animaux ; à gauche, d'autres animaux au repos gardés par une femme occupée à filer ; plus loin, un coteau couronné d'arbres ; dans le fond, plusieurs villages séparés par la rivière qui s'étend vers l'horizon.

Composition traitée dans la manière de N. Berghem.

Signé au bas à droite en toutes lettres.

Toile. Haut., 61 cent.; larg., 73 cent.

HAGEN

(VANDER)

3 — **Vue de Harlem et de ses environs.**

En avant, une route où passent un homme, un cheval et des voyageurs ; au centre, plaine boisée environnant la ville ; à droite et à gauche, des coteaux.

Bois. Haut., 54 cent.; larg., 76 cent.

HALS

(DIRCK)

33 — **Réunion de personnages de distinction ; dans un intérieur.**

Autour d'une table servie sont des dames et des gentilshommes; à droite, un officier debout cause avec une jeune femme; derrière elle est un valet portant une épée; dans le fond à gauche, un cavalier s'entretient avec d'autres dames.

En haut, sur une carte géographique, la signature 1644,

Bois. Haut., 60 cent.; larg., 87 cent.

HEEM

(CORNEILLE DE)

34 — **Fleurs et Fruits, sur une table de pierre.**

Des oranges, des raisins, des nèfles et quelques roses autour desquelles voltigent des papillons.

Signé en toutes lettres au bas à droite.

Bois. Haut., 41 cent.; larg., 34 cent.

HEUSCH

(GUILLAUME DE)

35 — **Paysage avec golfe; soleil couchant.**

En avant, une route où passent des animaux conduits par des pâtres. Cette route tournante gravit un coteau bordé de rochers; à droite, de grands arbres aux cimes élevées; dans le fond, un golfe et des montagnes enveloppés dans une vapeur dorée.

Bois. Haut., 48 cent.; larg., 72 cent.

HUGTENBURG

(JEAN)

36 — **Combat de cavaliers dans un ravin.**

Composition capitale. Sur le devant, de nombreux combattants ; à droite, un bois où se sont retranchés des soldats ; dans le fond, des cavaliers près d'une ville.

Toile. Haut., 62 cent. ; larg., 77 cent.

HUGTENBURG

(JEAN)

37 — **Bataille entre les Impériaux et les Hongrois.**

Au milieu, un cavalier hongrois, le sabre à la main, se fraie un passage en frappant ses ennemis qui tombent autour de lui.

Pendant du précédent.

Toile. Haut., 62 cent. ; larg., 77 cent.

HUISMANS

(JEAN, DIT DE MALINES)

38 — **Paysage arcadique.**

Sur une route, sont quatre femmes costumées à l'antique ; deux offrent des fleurs à une autre femme assise ; la dernière, couchée, garde des moutons; à droite, un terrain éboulé couronné de grands arbres; au centre, une rivière; plus loin, un temple; sur le sommet d'une montagne, une ville.

Toile. Haut., 62 cent.; larg., 77 cent.

JANNECK

(FRANÇOIS-CHRISTOPHE)

39 — **Causerie dans un parc.**

Charmante composition rappelant celles d'Antoine Watteau. Près d'une fontaine jaillissante, un galant assis cause avec une jeune femme; derrière, deux autres dames et un cavalier; à gauche, une jeune fille assise sur l'herbe.

Toile. Haut., 42 cent.; larg., 33 cent.

LEUW

(PIERRE VANDER)

40 — **L'Abreuvoir.**

Belle campagne, soleil couchant; en avant, un cours d'eau où se désaltèrent deux vaches et deux moutons; à gauche, sur un monticule, un petit garçon couché sur les genoux de sa mère, puis trois moutons au repos et une chèvre; à droite, coteaux boisés avec habitations; dans le fond, une rivière et des montagnes.

Toile. Haut., 57 cent.; larg., 75 cent.

LINGELBACH

(JEAN)

41 — **Savetier ambulant.**

Assis près d'une fontaine placée au centre d'une place, il travaille; près de lui, un homme et une femme; plus loin, une jeune fille portant une corbeille.

Signé en toutes lettres.

Toile. Haut., 37 cent.; larg., 29 cent.

MAAS

(DIRCK)

42 — **Halte de Chasseurs.**

Près d'une fontaine monumentale ornée de bas-reliefs sculptés, sont arrêtés plusieurs cavaliers et une dame à cheval, une jeune fille lui présente des oranges; à gauche sont des valets et un âne chargé de gibier; dans le fond, d'autres chasseurs.

Bois. Haut., 51 cent.; larg., 65 cent.

MANTS

(H.)

43 — **Rivière bordant un village hollandais.**

Sur la rivière quelques voiles et des bateaux chargés de pêcheurs; à droite, le quai et des maisons; à la porte de la première, qui est d'un aspect pittoresque, sont des personnages qui causent.

Signé en bas à gauche.

MEER

(JEAN VAN DER)

44 — **Le Départ de la flotte.**

Sur le devant, une plage avec grande quantité de personnages de toutes conditions, des marins, des cavaliers et des gentilshommes en carrosse assistant à l'embarquement; sur le bord de la mer, les chaloupes quittent le rivage et se dirigent vers le vaisseau amiral; à droite, les murs élevés d'un fort; dans le fond, les navires composant la flotte.

Toile. Haut., 54 cent.; larg., 76 cent.

MEER

(JEAN VAN DER)

45 — **Le Retour de la flotte.**

Même genre de composition et pendant du précédent

Toile. Haut., 54 cent.; larg., 76 cent.

MIÉRIS

(FRANÇOIS)

46 — **Intérieur hollandais; deux figures.**

Un personnage de distinction est assis près d'une table,

il tient sa pipe, et regarde en souriant sa femme, qui, debout près de lui, lui présente à boire; sur la table, un linge blanc et une pipe sur un plat d'argent; à gauche, un lit; dans le fond, un tableau représentant le sujet d'Apollon et Syrinx.

Bois. Haut., 27 cent ; larg., 20 cent.

MIGNON

(ABRAHAM)

47 — **Groupe de Fruits et de Fleurs.**

Plusieurs oranges, des pommes, des nèfles, des raisins et des fleurs, le tout retenu par un nœud de ruban accroché à un clou; autour des fleurs voltigent des papillons.

Bois. Haut., 63 cent.; larg., 50 cent.

MOOR

(CARLE DE)

48 — **Vertumne et Pomone.**

Portrait d'une jeune dame sous les traits de Pomone; près d'elle, Vertumne, en vieille, cherche à la séduire.

Toile. Haut., 49 cent.; larg., 39 cent.

MOLNARE

(KLAS)

49 — **Rivière au centre d'un village.**

Sur la rivière, plusieurs pêcheurs dans des bateaux et

quelques embarcations ; en avant, à gauche, deux paysans causant ; dans le fond, des chaumières entourées d'arbres et un moulin ; à droite, à la porte d'une habitation, un joueur de vielle, entouré de paysans et d'enfants.

Toile. Haut., 68 cent.; larg., 80 cent.

MOLENAER

(JEAN)

50 — **Chanteur ambulant sur une place.**

Monté sur une table, il chante ; autour de lui sont des gens de toutes conditions ; sur le devant, un colporteur assis, puis un gentilhomme et sa femme suivis d'un page ; dans le fond, à droite, habitation rustique et pont près duquel sont des villageois.

Bois. Haut., 44 cent.; larg., 68 cent.

MOLENAER

(JEAN)

51 — **Le Concert; intérieur; trois figures.**

Assis près d'une table ronde, une jeune femme chante en jouant de la viole, un jeune homme chante également, un vieillard écoute.

Signé en bas et à gauche.

Bois. Haut., 26 cent.; larg., 21 cent.

MOUCHERON

(FREDERICK)

Figures par Eliger.

52 — **Intérieur d'un Parc.**

En avant, une belle fontaine avec jets d'eau s'échappant de statues; près de la fontaine, des personnages debout et des enfants; à droite, se dessine un riche palais orné de statues.

Toile. Haut., 82 cent.; larg., 60 cent.

MOUCHERON

(FEEDERICK)

53 — **Le Départ pour la promenade.**

Parc avec fontaine jaillissante; à gauche, une dame de distinction descend un escalier monumental orné de statues; cette dame reçoit les complimentsd'un gentilhomme; un pa efrenier tient en bride un cheval blanc; plus loin, un cavalier est monté sur un cheval qui se cabre; fond avec montagnes, soleil couchant.

Toile. Haut., 80 cent.; larg., 63 cent.

NETSCHER

(CONSTANTIN)

54 — **Concert pastoral.**

Au pied d'une statue représentant l'Enlèvement de

Déjanire, est un jeune berger assis jouant de la flûte; près de lui, une dame, sous les traits d'une bergère, l'écoute en souriant; dans le fond, est un parc avec des moutons.

Signé à gauche en toutes lettres.

Toile. Haut., 52 cent.; larg., 43 cent.

NETSCHER

(CONSTANTIN)

55 — **Portrait de la comtesse de Lippé Detmold.**

Assise sous un péristyle orné de colonnes et de statues, son coude repose sur un coussin de velours vert; vue presque de face, le sein à demi nu, elle porte une robe en soie jaune, couverte d'un manteau cramoisi doublé d'hermine.

Signé en toutes lettres, à droite, sur une pierre. 1678.

Toile. Haut., 47 cent.; larg., 40 cent.

NIEULAND

(ADRIEN VAN)

56 — **Triomphe de Bacchus et de Silène.**

Silène, ivre, monté sur un âne, est soutenu par des bacchantes; Bacchus, couronné de pampres, monté sur un tigre, est suivi d'une foule enivrée; dans les airs, voltigent des Amours portant des guirlandes de fleurs; à gauche est un bois; dans le fond, à droite, le temple de Bacchus.

Signé en toutes lettres en bas, à droite. 1648.

Bois. Haut., 84 cent.; larg., 1 m. 03 cent.

OSTADE

(ISAAC)

57 — **Intérieur de Grange.**

Composition du plus agréable pittoresque. Dans la grange, sont appendus des paniers, des lanternes et divers ustensiles; à droite, trois enfants jouent; sur le devant, deux poules; dans le fond, une porte ouverte donnant sur la campagne.

Signé au milieu en bas. 1642.

Toile. Haut., 39 cent.; larg., 60 cent.

PAAPE

(ADRIEN)

58 — **Intérieur villageois.**

Une vieille femme occupée à filer.

Toile. Haut., 45 cent.; larg., 40 cent.

PAAPE

(ADRIEN)

59 — **Intérieur villageois.**

Cordonnier travaillant.

Bois. Haut., 45 cent.; larg., 40 cent.

PALAMÈDES

(STÉVENS)

60 — **Dames de distinction et Gentilshommes réunis sur la terrasse d'un palais.**

Composition de quatorze personnages.

Bois. Haut., 48 cent.; larg. 48 cent.

POEL

(EGBERT VAN DER)

61 — **Cour de Ferme.**

A droite, une maison rustique; à la porte, une servante lavant du linge; à terre, des ustensiles de cuisine amoncelés; dans la cour, quelques canards, puis deux hommes donnant à manger à un cheval; dans le fond, une femme se dirigeant vers la campagne.

Signé en toutes lettres en bas, à droite. 1662.

Bois. Haut., 45 cent.; larg., 61 cent.

POORTER

(GUILLAUME DE)

Manière de Rembrandt.

62 — **Les Bergers adorant Jesus nouveau-né.**

Grande finesse d'exécution.

Bois. Haut., 26 cent.; larg., 19 cent.

POELENBURG

(CORNEILLE)

63 — **Allégorie; trois figures.**

Élisabeth de Branda, seconde femme de Rubens, présentée par son père à son futur mari.

Bois. Haut., 43 cent.; larg., 67 cent.

RADEMAKER

(GÉRARD)

64 — **Intérieur d'un Temple protestant.**

Le soleil projette ses rayons sur diverses parties de l'édifice ; dans le temple une famille bourgeoise, le chef fait l'aumône à un estropié; en avant sont deux enfants, l'un tient un cerceau.

Toile. Haut., 58 cent.; larg., 46 cent.

ROMBOUT

(J. A.)

65 — **La Pêche.**

Paysage. Au centre, une rivière; sur la berge, à droite, deux pêcheurs; de l'autre côté de la rive, l'entrée d'un bois; plus loin, une chaumière à la porte de laquelle est une vieille femme.

Signé en toutes lettres en bas, à droite. 1640.

Toile. Haut., 73 cent.; larg., 1 mèt.

ROOS

(JEAN-HENRY DE FRANFORT)

66 — **Repos d'Animaux.**

Dans un paysage près d'une ruine antique se reposent des animaux, âne, chèvres, des moutons et deux vaches, l'une couchée, l'autre debout; à droite, une villageoise assise lit une gazette; près d'elle un pâtre joue avec son chien.

Qualité admirable du maître.

Signé en toutes lettres sur la gazette.

Toile. Haut., 73 cent.; larg., 77 cent.

RUYSDAEL

(JACQUES)

67 — **Le Grain.**

Mer houleuse, navires luttant contre une bourrasque, ciel chargé de gros nuages.

Bois. Haut., 84 cent.; larg., 1 mèt. 07 cent.

RUYSDAEL

(JACQUES)

68 — **Forêt.**

A gauche, un grand chêne étendant ses branches; au

centre, une route où deux voyageurs assis causent avec un homme et une femme; dans le fond, à droite, une rivière, une plaine et des coteaux.

Toile. Haut., 68 cent.; larg., 60 cent.

RUYSDAEL

(SALOMON)

69 — **Ville hollandaise, sur le bord de la Meuse.**

Sur le fleuve, quelques voiles se dirigeant en sens divers; en avant, sur la berge, deux pêcheurs retirant leurs filets, une femme gardant des vaches, puis un bac chargé de personnages et d'animaux; de l'autre côté de la rive, une ville et un coteau dominé par un château fort.

Toile. Haut., 55 cent.; larg., 85 cent.

RUYSDAEL

(SALOMON)

70 — **Le Moulin à vent.**

En avant, une petite rivière et un homme dans un bateau; au centre, le moulin et le meunier poussant les ailes; à gauche, au fond, un massif d'arbres.

Bois. Haut., 73 cent.; larg., 73 cent.

SCHALCKEN

(GODEFROY)

71 — **Portrait d'une Dame, sous la figure de Flore.**

Richement parée à l'antique; elle est debout et prend des roses posées sur une table couverte d'un tapis en velours rouge; dans le fond, une croisée ouverte laisse voir la campagne.

Toile. Haut., 49 cent.; larg., 39 cent.

SCHELLINCK

(DANIEL)

72 — **Intérieur de Forêt.**

Sur le devant, une route où se promènent un gentilhomme et sa femme suivis de deux serviteurs.

Toile. Haut., 36 cent.; larg., 29 cent.

SNAYERS

(PIERRE)

73 — **Choc de Cavalerie.**

Grande mêlée à l'entrée d'un bois.

Toile. Haut., 50 cent.; larg., 65 cent.

STEEN

(JEAN)

74 — **La Disgrâce d'Aman.**

Sous le péristyle d'un palais, près d'une table couverte de fruits, sont assis Esther et Aman; le roi Assuérus debout, les yeux étincelants, le bras gauche élevé, reproche à son favori sa conduite perfide; dans le fond, sont des dignitaires et les femmes d'Esther.

Cette œuvre capitale est du beau faire de J. Steen. qui s'est représenté dans le personnage placé à côté du fou.

Toile. Haut., 80 cent.; larg., 97 cent.

STEEN

(JEAN)

75 — **Intérieur; deux figures.**

Une ménagère est assise près d'une table; un homme debout tenant sa pipe lui verse à boire.

Toile. Haut., 23 cent.; larg., 18 cent.

TENIERS

(DAVID, LE FILS)

76 — **La Tentation de saint Antoine.**

Le saint agenouillé prie avec ferveur; autour de lui sont des démons sous les formes les plus bizarres et dans des attitudes burlesques.

Signé du monogramme.

Bois. Haut., 30 cent.; larg., 40 cent.

TRAUTMAN

(GEORGES)

77 — **Prise et Incendie de Troie.**

Dans le fond, tous les édifices enflammés; sur divers points, des soldats se livrent au carnage.

Toile. Haut., 63 cent.; larg., 80 cent.

ULFT

(JACQUES VANDER)

78 — **Intérieur de Parc et Château.**

A droite, le château avec son péristyle orné de colonnes et de statues; devant, une pyramide avec cariatides et fontaine; dans le fond, le parc divisé par une large avenue; sur plusieurs points et près du château, grand nombre de personnages regardant un oiseau de proie qui tient un faucon.

Signé en toutes lettres sur l'entablement du péristyle.

Bois. Haut., 45 cent.; larg., 63 cent.

VALCK

(H. L. DE)

79 — **Le Ménétrier.**

Salle d'auberge; en avant, le ménétrier assis, tenant son violon; la maîtresse de la maison boit à sa santé; dans le fond à droite, un comptoir où un vieillard se fait servir à boire; à gauche, près d'une cheminée, un fumeur allume sa pipe.

Signé à gauche en toutes lettres. 1693.

Toile. Haut., 40 cent.; larg., 48 cent.

VELDE

(W. VAN DE, LE PÈRE)

80 — **Embarquement pour le départ d'une flotte.**

Peinture en grisaille dessinée à la plume; sur le devant la plage, où circulent et causent de nombreux personnages près de cantines ambulantes; à droite la mer, des barques chargées de marins et les navires composant la flotte.

Œuvre remarquable en son genre.

Bois. Haut., 84 cent.; larg., 112 cent.

VERTANGEN

(DANIEL)

81 — **Paysage, avec le sujet de Moïse sauvé.**

Des femmes présentent le jeune Moïse à la fille de Pharaon.

Cuivre. Haut., 13 cent.; larg., 18 cent.

TORENVLIET

(ABRANAM)

82 — **Repas de villageois.**

Trois hommes et deux femmes près d'une table sur laquelle est un jambon.

Toile. Haut., 50 cent.; larg., 41 cent.

TORENVLIET

(ABRAHAM)

83 — **Intérieur d'un Temple protestant.**

Dans la grande nef un gentilhomme et sa femme, se dirigeant vers le spectateur.

Bois. Haut., 46 cent.; larg., 37 cent.

VINCKENBOOMS

(DAVID)

84 — **Le Retour de la chasse.**

Intérieur de forêt où s'élèvent des arbres touffus; à droite, une route où chemine un voyageur suivi de deux chiens; au centre, une mare entourée d'arbrisseaux.

Bois. Haut., 78 cent.; larg., 56 cent.

VITRINGA

(GUILLAUME)

85 — **Marine; mer agitée.**

Un vaisseau de haut bord, un autre navire de guerre et plusieurs autres voiles cinglent sur des points divers.

Bois. Haut., 40 cent.; larg., 51 cent.

VOOS

(ARY DE)

86 — **Jeune Femme représentée en buste.**

Vue de profil à droite, la tête parée de fleurs, le sein à demi nu, la main gauche soutenant une draperie.

Bois. Haut., 16 cent.; larg., 14 cent.

VOOS

(ARY DE)

87 — **Jeune Homme représenté en buste.**

Vu de trois quarts, à gauche, cheveux courts, habit brun, la main gauche appuyée sur la poitrine.

Bois. Haut., 16 cent.; larg., 14 cent.

VRIES

(JEAN REGNIER DE)

88 — **Paysage.**

A gauche est un monticule sablonneux, vivement éclairé et dominé par un chêne ; plus loin, une chaumière avec briques apparentes ; à la porte, deux villageois causant ; sur le devant, route avec larges sillons où cheminent et se reposent d'autres villageois.

Signé en toutes lettres au milieu, en bas.

Bois. Haut., 57 cent.; larg., 82 cent.

WETH

(DE)

89 — **Le Triomphe de Mardochée.**

Mardochée, précédé et suivi de dignitaires, monté sur un cheval blanc, se promène au milieu du peuple.

Bois. Haut., 75 cent.; larg., 109 cent.

WOUVERMAN

(PIERRE)

90 — **Le Charcutier de village.**

A la porte de son habitation et aidé d'un autre homme, il apprête sa viande ; près de lui, une femme, des enfants et une vache debout; à droite, sur un tronc d'arbre une femme assise allaitant un enfant, puis un chasseur également assis; près d'eux, un villageois monté sur un cheval blanc et plusieurs chiens; fond boisé avec chaumière.

Toile. Haut., 62 cent.; larg., 77 cent.

WOUVERMAN

(PIERRE)

91 — **Marche d'un Convoi militaire.**

Le défilé descend une montagne qui est à gauche; en avant, à droite, à la porte d'une auberge, une mendiante, et un officier à cheval auquel la maîtresse offre à boire; à gauche, un autre officier à cheval; plus loin, un chariot conduisant des blessés.

Toile. Haut., 46 cent.; larg., 37 cent.

WOUVERMAN

(JEAN)

92 — **Paysage.**

Sur le devant, à droite, deux arbres et un terrain sablonneux; plus loin une route allant vers la campagne, sur laquelle passent des animaux avec une charrette attelée; à gauche, autre route montueuse conduisant à un village situé sur le haut d'un coteau; ciel bleu nuageux.

Toile. Haut., 54 cent.; larg., 66 cent.

WOLFART

(JEAN)

93 — **Paysage, avec rivière.**

A droite, la rivière dominée par un pont rustique sur lequel passent des animaux conduits par un pâtre; à gauche, sur une route montante, des chaumières entourées d'arbres.

Signé à gauche des initiales J. W.

Toile. Haut., 72 cent.; larg., 87 cent.

WYCK

(THOMAS)

94 — **Une Place de Rome.**

A gauche, près d'une habitation, trois marchandes de légumes et un muletier; un homme descend l'escalier de la maison; plus loin, un lavoir où sont deux femmes; sur le devant, un petit marchand de lait assis; dans le fond, un pont conduisant à la haute ville; auprès du pont, des gens du peuple se reposant.

Qualité rare.

Portant une fausse signature de Lingelbach.

Bois. Haut., 48 cent.; larg., 64 cent.

WYCK

(THOMAS)

95 — **Intérieur hollandais.**

Dans une chambre rustique, une femme malade assise, la tête posée sur un oreiller; près d'elle, une table où sont des médicaments; devant, un escabeau; au fond, des meubles et quelques ustensiles.

Bois. Haut., 37 cent.; larg., 29 cent.

WYNANTS

(JEAN)

Figures par Lingelbach

96 — **Le Bois.**

A droite, l'entrée du bois; sur une route passent un cavalier et un autre personnage suivis de deux chiens; en avant à gauche un arbre à moitié mort; dans le fond, une colline boisée.

Signé en toutes lettres à gauche en bas.

Toile. Haut., 40 cent.; larg., 50 cent.

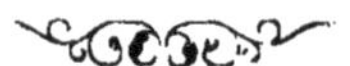

CARTE D'ENTRÉE

Hôtel Drouot, Salle n° 8

COLLECTION DE M. LE Dr GOLDSCHMIDT

DE FRANCFORT-SUR-LE-MEIN

TABLEAUX ANCIENS
HOLLANDAIS & FLAMANDS

Exposition particulière : Le Jeudi 25 Février 1869

de une heure à cinq heures.

Me CHARLES PILLET
COMMISSAIRE-PRISEUR

M. FEBVRE
EXPERT

Paris. — Imprimerie Pillet fils aîné, rue des Grands-Augustins, 5.

www.ingramcontent.com/pod-product-compliance
Ingram Content Group UK Ltd.
Pitfield, Milton Keynes, MK11 3LW, UK
UKHW022147170726
13837UKWH00004B/1827

9 782329 526119